Siam est né en 1946
et il est mort le 24 septembre 1997.
Cet album est un coup de chapeau
à cet incroyable animal
et à tous ceux qui l'ont aimé et entouré.
Notamment à André Boitard, son soigneur
au zoo de Vincennes, et au personnel du zoo,
à Pierre Étaix qui a réalisé le film Yoyo
dans lequel Siam a joué,
à Jack Thiney, taxidermiste,
et à toute l'équipe du Muséum d'histoire naturelle
grâce à laquelle il est aujourd'hui possible de voir Siam
dans la grande galerie de l'évolution, à Paris.

ISBN : 978-2-211-08917-3

Maquette : BHT + K.O.
Direction éditoriale : Alain Serres

Loi numéro 49 956 du 16 juillet 1949 sur les publications
destinées à la jeunesse : septembre 2002
Dépôt légal : octobre 2007
Imprimé en France par Jean-Lamour à Maxéville

SIAM

Texte de Daniel Conrod
Illustrations de François Place

RUE DU MONDE

Lorsque je l'ai vu,
allongé par terre
dans sa loge du zoo,
j'ai compris.
Siam, mon éléphant, était mort.
C'était fini. J'ai pleuré.
Lui et moi, nous étions arrivés la même année
au zoo, en 1964. Presque aussitôt, je me suis occupé
des éléphants. J'étais soigneur.
Lorsque sa maladie a commencé, certains ont murmuré
qu'il avait un cancer.

D'autres, qu'il avait seulement
mal aux pieds comme beaucoup
d'éléphants de son âge.
Les vétérinaires ont décidé de l'opérer.
Ils ont nettoyé ses pieds.
Après l'opération, il avait toujours aussi mal.
C'est pourquoi ils ont décidé de l'aider à mourir.
Après cela, les spécialistes sont arrivés.
Les uns ont pris sa peau, les autres, ses os,
son cœur, ses défenses...
J'ai préféré ne pas regarder ça.

Quand je repense à l'animal qu'il était !
Un front de mammouth, au moins trois mètres de hauteur,
plus de six tonnes, des défenses d'un mètre soixante
et des yeux... Quels yeux !
Un seigneur, oui, c'était un seigneur !
Lorsqu'il est arrivé au zoo, nous avions tous peur.
On racontait qu'il avait peut-être tué un homme dans un cirque,
qu'il avait blessé des gens, qu'il était sauvage, grincheux,
lunatique, que nous aurions des ennuis avec cet animal...

La seule chose que je me rappelle aujourd'hui,
c'est qu'il avait un caractère de cochon
et un appétit plus grand que le monde.
Du foin, de l'orge, des flocons d'avoine, de l'herbe fraîche,
des branches, des carottes, du pain,
de la terre, des vitamines... Siam n'en avait jamais assez !

La vie d'un éléphant de zoo, c'est toujours pareil.
Il mange. Il tourne en rond. Il mange. Il dort.
Deux fois par jour, les soigneurs le sortent sur le plateau,
pour que les visiteurs puissent l'admirer.
De tous les animaux du zoo, Siam était le plus célèbre, le plus aimé.
Les parents venaient avec leurs enfants, rien que pour le voir, lui !
Il avait sa propre loge, c'est-à-dire sa maison.
Les autres éléphants étaient à côté, dans une autre loge :
Kavery, sa compagne favorite, Nina, l'une de ses filles
et Thissiam, le dernier de ses fils.
Si je compte bien, Siam a eu treize petits.

Une fois qu'on l'avait connu, on ne pouvait pas l'oublier.
Je me rappelle monsieur Ruppert, un Suisse très discret.
Une fois par an, il venait au zoo, toujours à la même heure,
tôt le matin, toujours bien habillé. Il s'approchait de la barrière
et chantait doucement « Siaaamm ! ».
Oh ! il n'avait pas besoin de répéter. Aussitôt, Siam redressait la tête
et la trompe, poussait son cri de bonheur
et se précipitait vers monsieur Ruppert.
J'avais l'impression qu'ils se parlaient tous les deux.
Au bout d'une heure, monsieur Ruppert partait,
tristement, comme d'habitude...

Ce monsieur Ruppert connaissait son animal sur le bout des doigts. Un jour, un réalisateur de cinéma a eu l'idée de faire jouer Siam dans un film. Monsieur Ruppert a dû venir de Suisse pour arranger les choses et rassurer Siam.

Ça s'est passé dans un château, près de Paris, pendant l'été. Il faisait très chaud. Chaque matin, avant le travail, monsieur Ruppert accompagnait Siam au bord du bassin pour qu'il se baigne tranquillement.
Ensuite, il l'emmenait dans la grande salle du château. Il lui faisait répéter ce qu'il devait faire devant les caméras. Ouvrir une porte avec sa trompe, descendre trois marches d'escalier et je ne sais plus quoi d'autre...

C'est juste après le film que Siam est arrivé chez nous dans un camion spécial. Un éléphant, acteur de cinéma, on n'avait jamais vu ça dans un zoo !

Siam était souvent triste.
J'ai toujours pensé qu'il ruminait
ses souvenirs d'artiste de cirque.

Les voyages en train à travers toute la Suisse.
Le spectacle, la musique et les lumières.
L'entrée en fanfare sur la piste ronde.
La jolie ballerine qui dansait sur son front.
Les tissus somptueux qu'il avait sur le dos,
les bijoux précieux qu'il portait sur ses défenses...
Les douze femelles qui tournaient autour de lui.
Monsieur Ruppert qui lui chantait très doucement,
avant chaque numéro, « Siaaamm ! ».
Ces milliers de personnes qui l'applaudissaient chaque soir.

Et voilà qu'un jour, tout cela s'est arrêté. Le cirque avait vendu Siam.

Quel voyage il avait dû faire
avant d'entrer sur la piste d'un cirque !
Un interminable voyage, un très très long voyage.
Depuis l'Inde lointaine jusqu'à la vieille Europe.

Dans le port de Calcutta, il était monté dans un bateau de marchandises. Et ce bateau allait traverser les mers et les océans jusqu'à Gênes, en Italie. À Gênes, il était monté dans un train. Et ce train allait traverser les montagnes et les glaciers, rouler rouler jusqu'à Zurich, en Suisse. À partir de Zurich, Siam avait fini la route à pied. Il était arrivé, maigre comme un clou, fatigué, affamé, perdu. C'était un jour de printemps, il y a presque cinquante ans.

Dès qu'ils l'ont vu, les gens du cirque
l'ont aussitôt appelé Siam.
Il a toujours gardé ce nom,
Siam.

J'ignore s'il portait un nom
dans son pays de l'Inde.
Je sais seulement qu'il travaillait dur,
comme la plupart des éléphants.
À droite, à gauche, arracher les forêts,
tirer le tronc des arbres, traîner le bois
et les plus grosses branches,
les rassembler, travailler travailler
comme un forçat.

Et quand Siam ne travaillait pas,
on le promenait dans les villes, autour des temples,
décoré, maquillé, peinturluré,
en l'honneur des dieux et des déesses.
Les jours de fêtes, on le montrait avec fierté.
Et puis, un jour, Siam a dû quitter ses forêts et ses temples.
Il est parti à Calcutta. Il s'est retrouvé dans un port.
Il est monté sur le bateau.
Il avait encore des traces de peinture
sur ses pattes, autour des yeux.

Depuis très longtemps, bien avant Siam, bien avant ses ancêtres,
il y avait en Inde une ville mystérieuse et très ancienne.
Elle s'appelle Sonpur. Cette ville attirait les gens et leur faisait peur.
Pourquoi ? Parce qu'il y avait à Sonpur
le plus grand marché d'animaux sauvages du pays.
On pouvait tout acheter, les animaux sauvages, mais aussi leur peau,
leurs poils, leurs plumes, leurs griffes, leurs cornes, leurs ailes.
Les brigands couraient les forêts, chassaient les animaux
et les amenaient ici, sur le marché de Sonpur, pour les vendre.

C'est là que Siam avait été acheté pour la première fois.
Il était tout petit.
Il ne connaissait rien du monde.

Comme toujours dans la vie, les uns disent une chose.
Les autres, le contraire.
Quand je travaillais au zoo, je demandais souvent où était né Siam.
Un savant, spécialisé dans les éléphants, me répondait :
« Siam est né en Thaïlande ! »
Un autre, aussi savant que le premier, me répondait :
« C'est complètement idiot, il vient de l'Assam,
d'ailleurs ça se voit tout de suite ! »
Si les savants ne le savent pas, comment, moi le soigneur,
je pourrais le savoir ? Alors lorsque quelqu'un me demande :
« Au fait, d'où il venait, ton Siam ? »,
je réponds en souriant :
« Un jour de Thaïlande, le lendemain de l'Assam ! »

Ce que je sais, c'est qu'il est né
dans une immense forêt,
profonde et très épaisse,
parmi les tigres.

Ce que je raconte est vrai.
Je n'ai rien inventé.
Siam est bien mort comme je l'ai dit.
Il ne bouge plus, il ne mange plus.
Il est endormi pour toujours.
D'un autre côté, c’est comme s’il vivait encore, ici,
dans ce musée, avec sa peau et ses défenses.
Autour de lui, il y a beaucoup d'autres animaux naturalisés.
Chacun a son histoire et leurs histoires se mélangent.

Comme monsieur Ruppert au zoo,
je viens le voir quelquefois.
Je lui parle en cachette, je chante doucement, « Siaaamm ! ».
Et si quelqu'un me le demande,
je raconte son histoire,
la grande histoire de Siam, éléphant d’Asie.

Parfois, je m'amuse à changer un détail.
Je suis retraité.
J'ai le temps.